Wer hat wie viel

1 Spendengelder ✓

2 Bauer Hubers Kühe ✓

3 Schokolade ✓

4 Start in den Ruhestand ✓

5 Ohrringe

6 Streichhölzer

ZKM©   Aha!

Wer hat wie viel

1 Tom, Tim und Tina haben letzte Woche Spendengelder gesammelt. Tom hat dreimal so viel gesammelt wie Tina. Tim hat doppelt so viel gesammelt wie Tom.

2 Der Huber-Bauer hat 5 schwarze Kühe, 3 braune, 4 braun-weisse, 6 schwarz-weisse und 7 schwarz-braune.

3 Dora isst fürs Leben gern Schokolade. Am Sonntag ass sie die Hälfte ihres gesamten Vorrates an Schokoladetafeln auf, dazu noch eine halbe Tafel zusätzlich. Am Montag vertilgte sie die Hälfte dessen, was sie noch hatte, und wieder eine halbe Tafel dazu.

4 Frau Benz zieht sich mit 64 Jahren vom Lehrerberuf zurück. Sie bringt am letzten Schultag für ihre Klasse fünf Tüten mit Bonbons. In vier der Tüten sind insgesamt 84 Bonbons.

5 Von 600 Frauen am Opernball tragen 5% nur an einem Ohr einen Ohrring. Vom Rest trägt die eine Hälfte zwei Ohrringe, die andere Hälfte gar keinen.

6 Du hast mehrere Streichholzschachteln vor dir. Die meisten davon sind gefüllt und enthalten je gleich viele Zündhölzer. Aber sechs Schachteln sind leer.

ZKM©   Aha!

Wie viel hat jeder gesammelt, wenn die gesamte Summe 900 Fr. beträgt?

Wie viele Kühe könnten (wenn sie Grips und Sprache hätten) behaupten, sie hätten wenigstens ein gleiches Merkmal wie mindestens 50% der Herde?
Beispiel: Eine braun-weisse Kuh hat **ein** gleiches Merkmal wie eine braune Kuh, nämlich die braune Farbe.

Am Dienstag hatte sie nur noch eine einzige Tafel Schokolade. Wie gross war ihr Vorrat ursprünglich gewesen?

In der fünften sind vier Bonbons weniger als im Durchschnitt der fünf Tüten. Wie viele Bonbons befinden sich in der fünften Tüte?

Wie viele Ohrringe werden im Ganzen getragen?

Entnimm jeder vollen Schachtel $\frac{2}{9}$ ihres Inhalts und fülle die leeren Schachteln so, dass jetzt in allen Schachteln gleich viele Zündhölzer sind.

Wie viele Schachteln sind es im Ganzen?

ZKM©   Aha!

Wer hat wie viel

1. Am besten fängst du wohl mit dem kleinsten Sammelergebnis an.

1. Du solltest am besten die Kuhherde vor Augen haben, um jeweils die geforderte Anzahl abzählen zu können.

1. Am besten kommst du wohl zum Ziel, wenn du vom Dienstag her rückwärts überlegst.

1. Vier Tüten zusammen enthalten 84 Bonbons.

1. Vielleicht hast du beim Lesen der Aufgabe schon einen Geistesblitz und kannst sofort sagen, wie viele Ohrringe von den 600 Frauen getragen werden.

1. Du weisst zwar noch nicht, wie viele volle Schachteln du vor dir hast, aber einige allgemeine Aussagen kannst du schon machen.

ZKM© Aha!

Wer hat am wenigsten gesammelt?

Deute die Kuhherde mit Buchstaben für die Farben an!

Wie viel Schokolade hat Dora am Dienstag noch?

Berechne den Durchschnitt pro Tüte!

Wenn du dich zur Lösung führen lassen willst, dann beantworte zunächst folgende Frage: Wie viele Frauen tragen **einen** Ohrring?

Welcher Bruchteil wird aus jeder vollen Schachtel entnommen?

ZKM© Aha!

Wer hat wie viel

1 2. Wenn Tim mehr als Tom hat und Tom nochmals mehr als Tina, dann muss Tina am wenigsten haben.

2 2. **Zum Beispiel:**
s = schwarz
b = braun
bw = braun-weiss
sw = schwarz-weiss
sb = schwarz-braun

3 2. Am Dienstag hat sie nur noch **eine Tafel** Schokolade.

4 2. (84 : 4 = **21**) Jede der vier Tüten enthält durchschnittlich **21 Bonbons.**

5 2. 5% oder $\frac{1}{20}$ von 600 Frauen.
(600 : 20) = **30** Frauen tragen nur an einem Ohr einen Ohrring.

6 2. Aus jeder vollen Schachtel werden $\frac{2}{9}$ ihres Inhalts entnommen.

ZKM©   Aha!

Zeichne eine Linie für die Sammeltätigkeit der drei! Trage darauf Tina mit 1 cm ein!

«Zeichne» jetzt mit diesen Buchstaben die Herde!

Wie viele Tafeln hätte sie am Dienstag noch, wenn sie am Montag **nicht** eine halbe Tafel **zusätzlich** gegessen hätte?

Wenn die fünfte Tüte vier Bonbons weniger als der Durchschnitt enthält, wie viele Bonbons wären das dann?

Wie viele Frauen bleiben übrig?

Was hat es also nachher noch in jeder dieser Schachteln?

ZKM© Aha!

Wer hat wie viel

1
3. Tina
|----|--------------------------------------

2
3. s s s s s
b b b
bw bw bw bw
sw sw sw sw sw sw
sb sb sb sb sb sb sb

3
3. Da sie am Dienstag nur noch **eine** Tafel hat, **hätte** sie mit der halben Zusatztafel vom Montag **eineinhalb Tafeln** für den Dienstag.

4
3. (21 − 4 = **17**)
Das wären natürlich **17** Bonbons.

5
3. (600 − 30 = **570**)
570 Frauen tragen also **nicht einen** Ohrring.

6
3. ($1 - \frac{2}{9} = \frac{7}{9}$) In jeder dieser Schachteln hat es nachher noch $\frac{7}{9}$.

ZKM©   Aha!

Wie viele cm wären jetzt für Tom abzumessen?
Trage auch das neben Tina ein!

Aus wie vielen Kühen besteht die Herde?

Rechne jetzt zum Montag zurück!

Warum aber sind es nicht so viele?
Schau nochmals die Aufgabenstellung an!

Was tragen sie denn sonst?

Und in welchen Schachteln sind jetzt auch je $\frac{7}{9}$?

Aha!

Wer hat wie viel

1
4. Tina   Tom
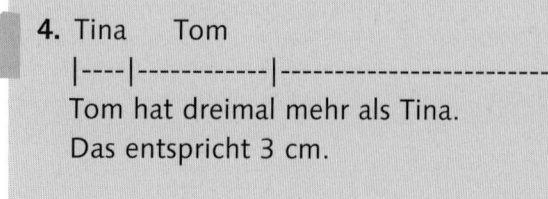
Tom hat dreimal mehr als Tina.
Das entspricht 3 cm.

2
4. Es sind abgezählt **25 Kühe.**

3
4. Wenn sie am Montag (ohne die halbe Zusatztafel) die Hälfte ihres Restes vertilgte und dann am Dienstag noch eineinhalb Tafeln hätte, wäre ihr Montagsrest **das Doppelte** davon gewesen.

4
4. Es war ja der **Durchschnitt aller fünf Tüten** und nicht nur der von vieren erwähnt!

5
4. 570 Frauen tragen also **keine** oder **zwei** Ohrringe.

6
4. Da es am Schluss in **allen** Schachteln gleich viele Streichhölzer hat, sind jetzt auch in den 6 vorher leeren Schachteln je $\frac{7}{9}$.

ZKM©   Aha!

Trage jetzt noch Tim neben Tom ein!

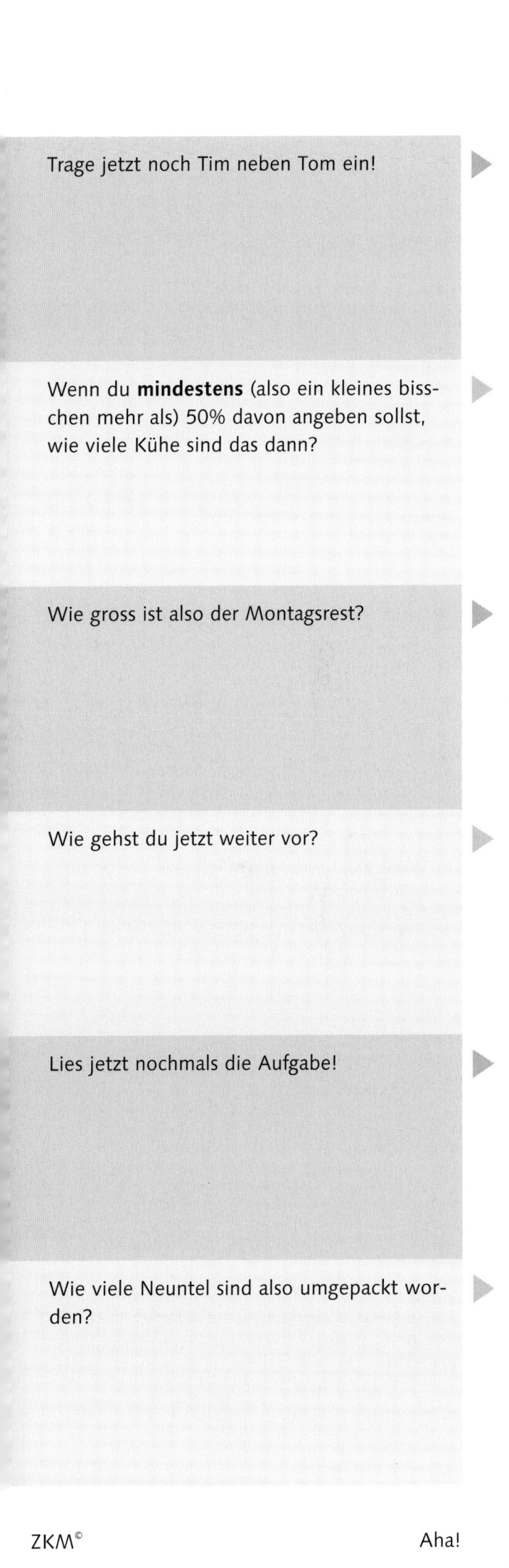

Wenn du **mindestens** (also ein kleines bisschen mehr als) 50% davon angeben sollst, wie viele Kühe sind das dann?

Wie gross ist also der Montagsrest?

Wie gehst du jetzt weiter vor?

Lies jetzt nochmals die Aufgabe!

Wie viele Neuntel sind also umgepackt worden?

ZKM© Aha!

Wer hat wie viel

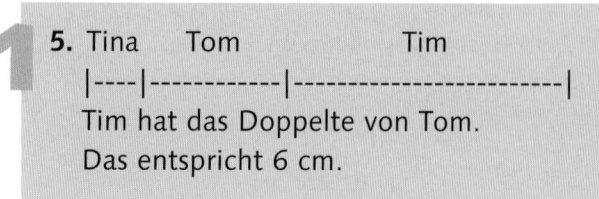

1 5. Tina   Tom   Tim
|----|------------|------------------------|
Tim hat das Doppelte von Tom.
Das entspricht 6 cm.

2 5. Die Hälfte von 25 Kühen sind 12.5 Kühe.
(He, was hat wohl eine halbe Kuh auf der Weide verloren?)
Aha, wir brauchen ja ein bisschen mehr als die 12.5 Kühe. Das sind dann z. B.
13 Kühe.

3 5. ($2 \cdot 1\frac{1}{2} = 3$) Am Montag hatte sie also noch **drei** Tafeln.

4 5. Hier hilft vielleicht etwas *Pröbeln*. (Nehmen wir einfach mal an.)

5 5. Die **Hälfte** der übrigen 570 trägt **zwei Ohrringe.**

6 5. In den vorher leeren 6 Schachteln hat es **je $\frac{7}{9}$,** in allen 6 Schachteln zusammen also ($6 \cdot \frac{7}{9} =$) $\frac{42}{9}$.

ZKM©   Aha!

Wie viele Zentimeter stellt das ganze Sammelergebnis der drei dar?

Die vorher gebrauchten Buchstaben s b w helfen dir jetzt weiter.

Am Sonntag hat sie aber noch eine halbe Tafel **zusätzlich** gegessen. Wie viel Schokolade hätte sie sonst am Montag statt der drei Tafeln gehabt?

Zähle die Bonbons in allen fünf Tüten zusammen!
(Rechne *nun halt* für die fünfte Tüte *17 Stück!*)

Wie viele Frauen sind das?

Weisst du noch, was aus jeder der anfangs vollen Schachteln entnommen wurde?

ZKM© Aha!

Wer hat wie viel

1 6. (1 cm + 3 cm + 6 cm) **10 cm**

2 6. s s s s s
  b b b
  bw bw bw bw
  sw sw sw sw sw sw
  sb sb sb sb sb sb sb

3 6. (3 + ½ = **3½)** Sie hätte am Montag noch **dreieinhalb** Tafeln.

4 6. (21 + 21 + 21 + 21 + 17 = **101)**

5 6. (570 : 2 = **285)** 285 Frauen tragen zwei Ohrringe.

6 6. Aus jeder der Schachteln wurden $\frac{2}{9}$ entnommen.

ZKM© Aha!

Was bedeutet jetzt diese Strecke?

Wie viele Kühe haben jeweils **einen dieser Buchstaben** in ihrem Farbmerkmal? Beginne einmal mit **S** für ganz schwarz oder schwarz gefleckt.

Wie viel muss sie also am Sonntag gehabt haben?

Warum können die fünf Tüten nicht 101 Bonbons enthalten?

Und die andere Hälfte?

Aus wie vielen Schachteln muss man je $\frac{2}{9}$ entnehmen, um $\frac{42}{9}$ zu bekommen?

ZKM© Aha!

Wer hat wie viel

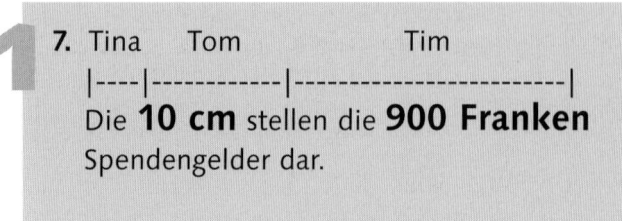

1
7. Tina   Tom   Tim
|----|-------------|-------------------------|
Die **10 cm** stellen die **900 Franken** Spendengelder dar.

2
7. S haben alle schwarzen, schwarz-weissen und schwarz-braunen.

3
7. Wenn sie am Sonntag brav nur die Hälfte vertilgt hätte, am Montag also wirklich noch dreieinhalb Tafeln gehabt hätte, wäre ihr Sonntagsvorrat natürlich das **Doppelte** dieser Hälfte gewesen.

4
7. Dann wäre der Durchschnitt der fünf Tüten doch $20\frac{1}{5}$ Bonbons, und mit Fünftelbonbons wird ja wohl kaum gerechnet.

5
7. Die **andern** 285 Frauen tragen **gar keinen** Ohrring.

6
7. ($\frac{42}{9} : \frac{2}{9}$) Aus **21** Schachteln entnimmt man je $\frac{2}{9}$, um damit die 6 leeren Schachteln zu füllen.

ZKM©   Aha!

1 cm bedeutet also?

Wie viele Kühe sind das also?

Jetzt kannst du die sonntägliche Anzahl Schokoladetafeln ausrechnen!

Welche Totalzahl macht hier viel mehr Sinn?

Betrachte deine bisherigen Ergebnisse!

Lies nochmals die Aufgabe!
Wie viele volle und leere Schachteln hattest du am Anfang, also wie viele Schachteln zusammen?

Aha!

ZKM©   Aha!

Wer hat wie viel

1. **8.** 1 cm bedeutet **90 Franken**.

2. **8.** (5 + 6 + 7 = 18) Also sind **18 Kühe** entweder ganz schwarz oder haben schwarze Flecken.

3. **8.** Sie hatte ursprünglich **das Doppelte von dreieinhalb** Schokoladetafeln.

4. **8.** Wenn 101 nicht durch fünf geht, dann probieren wirs halt mit einer möglichst nahen 5er-Zahl.

5. **8.** 30 Frauen tragen einen Ohrring, macht zunächst einmal **30 Ohrringe**. 285 Frauen tragen je zwei Ohrringe, macht im Ganzen (2 x 285 = **570**). Also kommen noch **570 Ohrringe** zu den **30** dazu.

6. Du hast also (21 + 6) **27 Schachteln** als Ergebnis bekommen.

ZKM© Aha!

Wer hat genau so viel gesammelt?

Damit sind noch **übrig** die braunen und die braun-weissen. Wie viele Kühe haben ein **b** in ihrem Farbmerkmal?
(Achtung: Auch die schwarz-braunen haben etwas Braunes an sich.)

Das Komplizierte an dieser Aufgabe war die **Vermischung von halben und ganzen** Tafeln.
Wenn du aber jetzt weisst, wie du vorgehen musst, dann blättere um und versuche dich an einer ähnlichen Aufgabe!

Welche durch 5 teilbare Zahl ist am nächsten bei 101?

Wäre das vielleicht auch einfacher gegangen?

Kannst du auch sagen, wie viele Streichhölzer am Anfang in jeder der vollen (21) Schachteln gewesen sein müssen?

ZKM© Aha!

Wer hat wie viel

1 9. Klar, das war doch Tina!

2 9. Auch die (3 + 4 + 7 = 14) **übrigen** Kühe erfüllen die Bedingung.

3 **Zusatzaufgabe**
Der Dorfbäcker wurde gefragt, wie viele Brote er am Montag verkauft habe. Seine Antwort: «Am Montag war der Backofen kaputt. So sah mein Brotgestell recht erbärmlich aus.
Mein erster Kunde kaufte die Hälfte meiner Brote plus einen halben Laib extra.

4 9. **100** ist gut durch 5 teilbar. Also nehmen wir mal *100 Bonbons*.

5 Im Satz «Die **Hälfte** trägt **zwei Ohrringe**» steckt die Erklärung: Wenn man eine beliebige Zahl halbiert und dann wieder verdoppelt (mal zwei rechnet), bekommt man wieder die ursprüngliche Zahl.

6 Damit man $\frac{2}{9}$ herausnehmen kann, muss die **Anzahl** Streichhölzer in den vollen Schachteln **durch 9 teilbar** sein.

Also sind die beiden andern leicht auszurechnen.

Also …

Aha!

Der Nächste kaufte die Hälfte von dem, was übrig war, plus einen halben Laib. Der Dritte bekam die Hälfte von dem, was ich noch hatte, plus einen halben Laib. Für den vierten Kunden hatte ich nichts mehr. Halbe Brote verkaufte ich nicht.»
Wie viele Brotlaibe hatte er verkauft?

Vier Tüten enthalten zusammen 84 Stück. Wie viele bleiben also für die fünfte Tüte?

Es käme genau auf das Gleiche heraus, wenn 12% nur einen Ohrring trügen und die Hälfte der übrigen zwei Ohrringe.

Überlege dir eine **andere** Kombination als **Hälfte** und **zwei,** bei der es auch aufs Gleiche herauskommt!

Probier also einige Neunerzahlen aus, um die korrekte Anzahl zu finden!

Wer hat wie viel

1 **10.** Tom hat dreimal so viel wie Tinas 90.–, also ...
Und Tim hat doppelt so viel wie Tom gesammelt.

2 Das Ergebnis scheint ein bisschen ungewöhnlich, weil die Antwort «alle» heisst.

3 Du kannst die gleichen Überlegungen anstellen wie bei Doras Schokoladetafeln und von hinten beginnen, also beim dritten Kunden. (Der vierte bekommt ja gar nichts mehr.)
Du kannst aber auch mit dem ersten Kunden beginnen. In diesem Fall überlegst du zuerst, ob im Ganzen eine gerade oder eine ungera-

4 **10.** (100 – 84 = **16**) In der fünften Tüte sind **16 Bonbons.**

5 Nun, wenn du **Drittel** und **drei** nimmst oder **Viertel** und **vier,** usw. funktioniert das Verwirrspiel auch.
(Allerdings kann es sich dann nicht mehr um Ohrringe handeln.)

6 Welche Neunerzahl (9, 18, 27, 36, 45 usw.) kommt wohl in Frage? Wenn in den 21 vollen Schachteln **9 Zündhölzer** sind und $\frac{2}{9}$ davon herausgenommen werden, sind das je 2 Stück, im Ganzen 42. Dann hats in den 21 Schachteln **noch je 7.** Die 42 auf die andern 6 Schachteln verteilt, ergibt auch je sieben.

Zusatzaufgabe
Wie viel hätte jeder gesammelt, wenn die gesamte Summe 1100 Fr. betragen würde?

Aha!

Hättest du diese Lösung wohl auch bei genauem Lesen der Aufgabe finden können?
Schau die Aufgabe nochmals an!

de Anzahl Brote verkauft wurden. Vergiss nicht, dass jeweils halbiert werden muss und (nur rechnerisch) bei jedem Kunden ein halbes Brot dazugezählt wird.
Anschliessend darf «gepröbelt» werden.

Schau jetzt nochmals die Aufgabenstellung an!

Einfacher Lösungsweg
Bei den Ohrringen könnte man auch folgende Überlegung anstellen: Jener Rest der Frauen, die 2 Ohrringe tragen, gibt der andern Hälfte der Frauen, die keinen haben, einen ab, dann haben **alle einen** Ohrring, also alle 600 Personen.

Funktionierts wohl mit den andern Neunerzahlen auch?
Nehmen wir **18** pro volle Schachtel. $\frac{2}{9}$ heraus sind je 4, im Ganzen 84. In den 21 Schachteln blieben also **je 14** und in die 6 Schachteln kommen (84 : 6) wirklich auch **je 14.**
Gehts auch mit den weiteren Neunerzahlen?

Lösungen

1
Tina: **90 Fr.**
Tom: **270 Fr.**
Tim: **540 Fr.**

Zusatzaufgabe: Tina: **110 Fr.**
Tom: **330 Fr.**
Tim: **660 Fr.**

2 **Alle Kühe,** denn
schwarz: 5 s + 6 sw + 7 sb = 18 Kühe
(18 Kühe >50% von 25 Kühen)
braun: 3 b + 4 bw + 7 sb = 14 Kühe
(14 Kühe >50% von 25 Kühen)
weiss: 6 sw + 4 bw sind oben schon berücksichtigt

3 Ihr Vorrat bestand ursprünglich aus **7 Tafeln.**

Zusatzaufgabe:
Er hatte **7 Laibe** verkauft.
Die «halben Laibe» mögen verwirren, waren aber wirklich nur rein rechnerisch zu verstehen:
($\frac{1}{2}$ Laib + $\frac{1}{2}$ Laib = 1 ganzer Laib)

4 In der fünften Tüte befinden sich **16 Bonbons.**

5 Es werden im Ganzen **600 Ohrringe** getragen.

6 Es sind im Ganzen **27 Schachteln.**

Zusatzaufgabe
Ja, es geht mit **jeder** Neunerzahl.

ZKM© Aha!